素顔の大川隆法

大川隆法

まえがき

わかろうはずもない、無理なテーマを出してみた。

私のそばで長年暮らしているからといって、私の考えていることがわかるようにはならない。また逆に、地球の裏側に住んでいるからといって、私の実像が見えないわけでもない。

それぞれの人が、それぞれの色メガネを通して「大川隆法」とは何者かを見ている。しかし、それぞれの知識や経験、自己実現の念《おも》いに応じて、私の姿は様々に変化するらしい。

宗教家になる前から、「何を考えているのか本心が全くわからない」「そそり立つ絶壁《ぜっぺき》のようだ」「相手に合わせて言うことが変わる」「頑固《がんこ》」「一度言い出したら説得不能」など色々と形容されてきた。宗教家になってからも、「絶対にブレない」「近くにいる人に影響されやすい」「霊によって考えがかわる」「信念を貫く」と批評は色々だ。

本書で、素顔の大川隆法が良くわかるようになるか。それとももっと謎めいてくるか。それは、読んでみてもらわないとわからない。

「千の顔を持つ」という言葉がある。神話学者キャンベルの言葉だ。実際にはそれに近かろう。

二〇一二年　六月十八日

幸福《こうふく》の科学《かがく》グループ創始者兼総裁《そうししゃけんそうさい》　大川隆法《おおかわりゅうほう》

『素顔の大川隆法』目次

まえがき　1

素顔の大川隆法

〈二〇一三年六月十一日　収録〉東京都・幸福の科学総合本部にて

第1章　宗教家の意外な素顔

大川隆法総裁のイメージとは？　14
小学生のときの金縛《かなしば》り体験　17
実は左脳も強い宗教家　19
父親は非常に幽霊《ゆうれい》好きだった　22
霊言《れいげん》現象は「天の招き」としか思えない　23
意外に〝ノーマル〟な霊的《れいてき》生活　25

第2章

初公開！　霊言の気になる疑問に答える

初めて明かす霊言中の裏事情　30
みんなが「まいった」と言うまで霊言を続ける　32
外国人の霊が日本語で話し出す理由　33
言葉になる前の「思い」をキャッチできる　35
未来は一瞬《いっしゅん》で予想できる　37
未来を見るための秘密は孤独《こどく》な時間　39
スマートフォンやインターネットは一切使わない　42
ものすごい高速回転で動いているから、止まって見える　44

第3章

聴《き》いた人を虜《とりこ》にする説法《せっぽう》の秘密

男女を問わずメロメロにする力 52
集合想念を感じながら、八十パーセント以上の人の気持ちをつかみにいく 55
サンデル教授もびっくり？ 「白熱教室」を超《こ》える熱気の講演会 57
人の質問をばかにしたことは一度もない 59
聴衆《ちょうしゅう》がいつも機嫌《きげん》よく手を挙《あ》げる理由 60
英語説法ができるのは、英語力ではなく、説法そのものの能力 62
説法はすべてリハーサルなしの本番のみ 65
元男性秘書が見た、大川総裁の意外なライフ・スタイル 67
突発《とっぱつ》事態に対処できるのは普段の習慣の力 70

第4章 すごい仕事量でも暇《ひま》に見える「超絶《ちょうぜつ》仕事術」

大平《おおひら》元首相からココ・シャネルまで――幅《はば》広い関心を持つ秘訣《ひけつ》 80
仕事ができるタイプの「垂直思考型」と、アイデアマンの「水平思考型」 82
「水平思考」と「垂直思考」を統合すると、多面的に活躍《かつやく》できる 84
「新しいもの」と「古いもの」を同時に追求する 86
外国為替《かわせ》で鍛《きた》えた超高速仕事術 88
判断速度を上げて、手持ちの仕事をなくす 90
自分の仕事をしながら、周囲の様子がすべて把握《はあく》できる特殊《とくしゅ》能力 91
私は時間を伸《の》び縮みさせることができる「人間タイムマシン」 93

第5章

美的センスの磨《みが》き方

獲得《かくとく》した能力は捨てず、新しいものを目指す 98
空海《くうかい》も、宗教家以外の才能にもあふれていた 100
宗教家、教育者、経営者、そしてファッションリーダーとしての側面も 102
昔はファッションセンスはなかった 104
月刊「アー・ユー・ハッピー?」でセンスを磨いた 108
眠《ねむ》っていた美術系の才能が目覚めてきた 110
女性の「顔が半分できた」という表現にびっくり 112
オフタイムでは九十五パーセント気づかれない 114

第6章

短所で勝つ逆説的成功論

男から嫉妬《しっと》されると出世できない　118
ルックスがいい新入社員ばかりの会社は、外見でしか判断していない　120
仕事ができる人は「抜《ぬ》けているところ」をわざとつくる　122
「女性にモテない」という欠点を見せたら、男の嫉妬がやんだ　124
極度の赤面症《せきめんしょう》で女性とまともに話せなかった　126
日本では、普通にしていると、かえって出世できる　127
小渕《おぶち》さんや安倍さんが総理に登りつめた理由　130
できることを見せているうちは本物ではない　132

第7章

未来へのメッセージ

トップの習近平《しゅうきんぺい》とオバマの考え方一つで、未来は変わる　138
アメリカが出すシグナルを、どう解釈《かいしゃく》するかで、世界の運命は変わる　141
未来の結果が悪くなるような人気取り政策は、口が裂《さ》けても言えない　143
「どう言えば有権者に気に入られるか」くらいはわかっている　146
うまく逃《に》げた人が得をする政治文化にメスを入れている　148
幸福実現党が突《つ》きつける、選挙の本当の意味　150
わざと負けることで「正論とは何か」を教えている　152

あとがき　158

素顔の大川隆法

〈二〇一三年六月十一日　収録〉

質問者　※質問順

船井久理子《ふないくりこ》（幸福の科学理事 兼「アー・ユー・ハッピー?」編集長）

天雲菜穂《てんくもなお》（幸福の科学第一編集局長）

吉川枝里《よしかわえり》（幸福の科学第五編集局長）

［役職は収録時点のもの］

第1章

宗教家の意外な素顔

大川隆法総裁のイメージとは？

大川隆法　今日は、いつもの法話《ほうわ》や霊言《れいげん》とイメージが違《ちが》うので、少し戸惑《とまど》っています。

船井　（笑）大川隆法総裁、本日は、「大川隆法総裁の素顔に迫《せま》る」ということで、またとないインタビューの機会をいただきまして、本当にありがとうございます。

天雲・吉川　ありがとうございます。

大川隆法　こちらこそ、お手柔《てやわ》らかにお願いします。

船井　はい。では、さっそくまいりたいと思います。
私《わたくし》は、当会の信者ではない女性識者と、雑誌のインタビュー等でお会いする機会がよくあります。
最近は特に、大川総裁の霊言の広告等を新聞で見ていらっしゃる方が大変多くて、「大川先生って、どんな方なんですか？」と訊《き》かれることがあります。先日も、紀伊國屋《きのくにや》書店の前にある大きなコーナーの書棚《しょだな》で、大川総裁の霊言の本を立ち読みしたという方がいらっしゃって……。

大川隆法　「立ち読み」ですか。

船井　ええ（会場笑）。大変申し訳《わけ》ございません。買うまでは、あともう一歩だったようです。今日は、そうした方々も、ご著書を買いたくなるような、大川総裁のお人柄《ひとがら》などをお伺《うかが》いできれば、ありがたいと思っています。

大川総裁と言いますと、最近では一般《いっぱん》の方々には、「霊言をする人」や、「政治への様々な提言をしている人」というイメージが定着しているようです。

ですので、まず、霊言に関する質問から始めたいと思います。

大川隆法　そうですか。はい。

船井　大川総裁は、霊言とか霊感といった感覚は、幼少のころから、どのように芽生えていったのでしょうか。そのあたりを教えていただきたいと思うのですが。

大川隆法　ほとんどなかったのではないかなあ（笑）。あまり霊的《れいてき》なものを感じたことはなかったですね。

小学生のときの金縛《かなしば》り体験

大川隆法　ただ、以前にも話したことがあると思いますが、小学校高学年のころに、いわゆる金縛《かなしば》りのような体験をしたことはあります。手が二本ついている幽《ゆう》霊《れい》らしきものを、はっきりと見た覚えがありますね。それが、上から覆《おお》い被《かぶ》さってきて、押《お》さえつけられるような感じでした。

私は寝《ね》ていたんですが、体を動かそうとしても、どうしても動かすことができない。そこで、あぶら汗《あせ》をかきながら、必死の思いで考えついたのが、回転して、布《ふ》団《とん》から畳《たたみ》のほうに転がり出るということでしたね。そうすれば、金縛りが解けるのではないかと思って、動かない体を必死で回転させようとして、なんとか解いた覚えがあります。あれは明らかに、霊的な体験だったと思いますね。

これは、私が離《はな》れの家で勉強をしていた時期の体験で、そのときは少し仮眠《かみん》を取ろうとしていたんだと思います。

当時、夜は、両親のいる母屋《おもや》から離れた場所で勉強していたのですが、そこは、三回も倒産《とうさん》したという工場の跡地《あとち》で、いわくつきの家だったんです。そういう恐《おそ》ろしい家を、たぶん父（故・善川三朗名誉顧問《よしかわさぶろうめいよこもん》）は安いからという理由で買ったのだろうと思われます。

そうした、眠っている私の体の上に、黒っぽいものが全体的に覆い被さってくるという金縛りのような経験は、何度かしたことがありますね。

それ以外にも、霊的な体験はあったのかもしれませんが、かなり忘れているので、言われれば、「ああ、そう言えば、こういうこともあったかな」というのが、いっぱい出てくるかもしれません。

ただ、霊言のような予兆は、はっきり言って、全くなかったですね。

実は左脳も強い宗教家

船井　それが、長《ちょう》ずるに従って、どのような経緯《けいい》で、霊言を降ろされるようになっていったのですか。

大川隆法　方向は全く逆だったような気がしますね。

普通《ふつう》、霊感やインスピレーションというのは、たいてい右脳、いわゆる「イメージ脳」でキャッチしたり、交流したりすると言われています。

しかし私は、十代あたりまで、ほとんど左脳型でした。いわゆる、「計算脳」や「言語脳」という、この世的な努力で開発していく能力のほうを開拓《かいたく》していました。

だから、自分が思っていた宗教家のイメージとは全然違っていて、私自身は左脳がけっこう強い宗教家なんですよ。おそらくそのあたりが、ほかの宗教家と違うところだと思います。

普通、宗教家は、わりと〝薄《うす》ぼんやりとした感じ〟を楽しんでいらっしゃる人が多いと思いますが、私は左側の脳も、後天的に相当鍛《きた》えていました。そちらを鍛えた場合は普通、霊能力などとは縁《えん》がない世界に行く場合が多いようです。

私の場合は、なぜか、「霊的な能力」と、「この世的な能力」の両方が開発されて、〝二刀流〟になってしまったという感じですね。

船井　左脳型の能力を鍛えることで、霊的な能力だけではなく、この世的にも足《あし》腰《こし》を鍛えられたということですね。

大川隆法　ええ。先ほど、イメージ脳と言いましたが、もともとは芸術的な面や、感性的なものを感じる能力のようなものは、先天的に持っていたのではないでしょうか。文学的なものや芸術的なものを感じる才能はあると思います。

実際にはやっていませんが、おそらく絵描《か》きのような能力も、自分ではあるのだろうと思っています。

だから、いつも頭のなかで絵を描くような感じで、右脳で色々なイメージやビジョンを描いているんでしょうね。

そして、左脳では、イメージをものすごく短い時間で具体化し、完成させていく作業をやっているんでしょう。おそらく、そんな感じかなあ。

父親は非常に幽霊好きだった

天雲　自分とは違う霊が、自分の肉体に入って思想を語り始めるという、霊言現象の衝撃《しょうげき》は、どのようなものだったのでしょうか。

大川隆法　まあ、これが不思議なんですけどね。

ただ、あまりにも自分が正反対の考え方を持っているようだったら、やはり、宗教家にはならないだろうとは思います。両親が宗教的人格で信仰深《しんこう》く、幼少時から宗教的環境《かんきょう》で育ったので、そういう霊的な価値観を受け入れる素地はあったのでしょう。

ただ、ある意味では、私よりも父のほうが、よほど幽霊好きだった気がしますね（笑）。父は「どこそこで幽霊が出る」「幽霊屋敷《やしき》がある」「怪奇《かいき》現象があった」などと聞くと、すぐ見に行きたがるようなタイプの人でした。好奇心が強く、そういう噂《うわさ》が流れるとすぐに、「一晩泊《と》まって見てくる」と出掛《でか》けていく可能性があったので、それを、「まあまあ」と言って抑《おさ》えるのが大変でしたね。だから、父は非常に好きだったのではないでしょうか。

父は若いころ、色々な宗教や霊能者のところに顔を出して、霊的な現象を見ていたのかもしれません。私にとっては、そういう父の話を幼少時から耳に挟《はさ》んでいたことも、大きかったのかもしれませんね。

霊言現象は「天の招き」としか思えない

大川隆法　現実には、世間一般のオーソドックスな育てられ方、学校教育を中心にした育てられ方をしてきたし、自分で努力してきたことの大部分は、この世的な知性や経験を積むことだったと思います。

霊言ができるようになったというのは、これはもう、いわゆる「コーリング（召命《しょうめい》）」というか、やっぱり、「天からの招き」があったとしか言いようがないですね。私が大人になるのをずーっと待っていて、いわゆる親の庇護《ひご》を受ける身分が終わるころになって、天に呼ばれたという感じでした。

自分としては、『旧約聖書《きゅうやくせいしょ》』などに出てくる預言者《よげんしゃ》たちの出方によく似た感じを受けましたね。最初は、神の召命を受けたような出方でした。

ただ、最初に思っていたよりも、自分の使命がだんだん大きくなっていった感じはあります。

天雲　呼ばれた……ということですか。

大川隆法　うん。そう。そんな感じでした。

それまでは、世の中で、けっこう自分を磨《みが》いてきたほうだったので、霊言現象に対する抵抗《ていこう》や、自分のなかでの葛藤《かっとう》はありました。

やはり、「そちらの土俵《どひょう》で戦うんですか?」という戸惑いはあったし、そういうことについては、大した修行《しゅぎょう》をしていないというか、勉強も十分ではなかったんです。客観的に言うと、「はたして自分で務まるのか、通用するのか」「もう少し向いている人がいるんじゃないかな」という気持ちがありました。今のイメージとは、違うかもしれませんけどね。

意外に〝ノーマル〟な霊的生活

大川隆法　普通、霊的な能力と左脳型の訓練で鍛えるような能力は両立しないらしいのです。

日本の宗教を開いた方などを見ても、意外なことに、素直で、あまり学問もやっていなくて、職業経験もそれほどないような方が、病気が治るなどの神秘体験をして、ある日突然、非常に素《す》のままの状態で啓示《けいじ》を受けるパターンが多いように見受けられます。

私みたいなタイプの人は、そういう霊的な啓示を受けにくいのが、普通なのではないかと思うんです。

吉川　そうした能力を両立していくために、大川総裁は、どういった努力をされているのでしょうか。

大川隆法　相変わらず、この世的に、人間としてできる範囲内《はんいない》の努力は続けています。

霊的なほうは、努力というよりはむしろ、「経験を積む」ということのほうが多いです。霊的な経験を色々と積んでいくことで、次第に霊的な能力も磨かれているような感じがします。

ただ、これは相手がいることで、自分だけでできることではありません。そのときどきに、様々な試練が見舞《みま》ってきて、それをどう切り抜《ぬ》けるかということですかね。

（天雲に）あなたでしたっけ、足から石ころが飛び出してきたというのは？（注）

天雲　（笑）はい。

大川隆法　そんな恐ろしい経験は、私はあまりないのですけれど。

（注）天雲は、足から〝石ころ〟が出てくるという物質化現象を起こした経験がある。『宇宙人リーディング――よみがえる宇宙人の記憶――』（幸福の科学出版刊）第6章参照。

天雲　（笑）

大川隆法　実にノーマルな生活をしています。

第2章

初公開！
霊言《れいげん》の気になる
疑問に答える

初めて明かす霊言《れいげん》中の裏事情

船井　普通《ふつう》、一般《いっぱん》の方がイメージする霊言《れいげん》だと、イタコのように霊がかかってきて、本人は気を失い、霊が話している間のことは覚えていないというものです。けれども、大川総裁の場合は、ご自身の意識をきちんと保った上で、霊言をされているところが、ほかの霊媒《れいばい》との大きな違《ちが》いであろうかと思います。

大川総裁が霊言をされているときの感覚というのは、どのような感じなのでしょうか。

大川隆法　霊言をすると同時に、自分自身で「審神者《さにわ》」(注)もしている感じかな。普通は審神者が霊を判定するのですが、私の場合は、その審神者も同時にしているということです。

(注)霊人が語った内容について、その正否や真意を解釈して判断を下せる者。

〝霊の言葉を伝えている自分〟と、〝霊言をしている霊を見ている自分〟と、〝その全体を見ているもう一人の自分〟まで存在する感じで、非常に客観的に見ています。

天雲　客観的にすべてを見ている自分と、審神者をしている自分と、霊として話している自分という、三つの視点を持っていらっしゃるということですか。

大川隆法　そうですね。視点は、三つくらいあります。三つくらいの目は、いつもあるような気がしますね。

船井　それは非常に立体的ですね。霊の言葉になっていない真実の部分というものも、大川総裁は審神者として、色々と判定をされているということでしょうか。

みんなが「まいった」と言うまで霊言を続ける

大川隆法　霊言をしているときは、その霊の意見として言葉を伝えているけれど、同時に、審神者をしている自分としては、その霊の意見をどう感じるかという目を、当然、持っているわけです。

本当は、自己対応もできないわけではないけれど、霊言を見ている人たちにはちょっと理解しにくいだろうからしていないだけです。質問者たちが下手《へた》な質問ばかりしているのを、「私だったらこう訊《き》くけどな」と思いながら（笑）、見ているような目は、ちゃんと持っています。

また、それとは別に、明らかにもう一つ、全体がどのように動いているのかを見ている目というのもありますね。

最近は、霊言を多用しているので、やはり大川隆法に対して、そのイメージが強くなりましたかね。霊言は、たまたま再開しただけなんですけれども。

　霊言集を十年以上出していなかったので、「元会員の方が、『大川隆法には霊能力がなくなったんだ』ということを言って、別派的な動きをして人集めしている」というのを聞いて、「じゃあ、やりましょうか」ということで、もう一度始めました。それが、やり始めると止まらなくなってしまったんです（笑）。

　みなさんが「もうわかった、まいった」と言ったら、また違ったことをやりますが、まだ「まいった」とは言われていないような気がするので、続けています。

外国人の霊が日本語で話し出す理由

大川隆法　公開霊言のような霊現象をやっていると、「ああ、そういうことがあるのかなあ」と思う人が出てくるんですよね。

こちらとしては、ずっと、あの世の存在は当然のことだと思って話をしていたのですが、世代が代わってきて、そうした世界の存在を当然だと思っていない人たちが、いっぱい出てくるようになってきたんです。これは、あの世の世界があるということを、もう一度実証しなくてはいけない時期が来たのかなと思っています。

ただ、霊言だけだと面白《おもしろ》くないので、今は、私の解説も加えたり、自分の意見も紹介《しょうかい》したりしながらやっています。

船井　霊言のときの言語変換《へんかん》機能を、大変不思議に思われている方も多いようです。

生前、英語やドイツ語、フランス語などを話していた方の霊が、大川総裁に入ると、現代日本語で話します。このあたりは、どのような変換が行われているのか興味深いのですが。

大川隆法　言葉がつくられる前から、人間は意思の交流ができていたのでね。言葉は時代とともに完成してきたものだし、現代の様々な言語や文法は、ほとんどが、ここ千年くらいでできているものだと思います。

しかし、それ以前から、人間は存在していたし、意思の交流をしていたわけです。だから、今の言語がこうなっているという以前の段階である、意思の交流の仕方の「もとの部分」を知っているということでしょうかね。

言葉になる前の「思い」をキャッチできる

大川隆法　本当は、何語であっても、相手がしゃべる前に、言うことがわかってしまうんですよ。

霊言もしていますが、霊言する前に、言うことが先にわかってしまいます。これは、コンセプトとして、全体がパッとわかります。あとは、表現形式だけの問題ですけれどもね。

たまたま、今、私の翻訳《ほんやく》機能が高まってきているので、色々な言葉もわかりやすくなってきてはいます。

「言葉にならない言葉」を、聞き取れる部分があるのです。

まず、「思い」があるでしょう？　そして、その思いが頭脳の回路を通り、それぞれの使える言語が口から出てくるということなのです。

けれども、その頭脳を通って言語になる前の段階、つまり、思いの段階で、もうほとんどキャッチしています。だから、どういうことを言いたいのかは、霊が言葉にする前に、もうわかっているということですよね。

ただ、なるべくその人の意思に合ったかたちで表現してあげなければいけないとは思っています。

地球人だけではなくて、例えば、宇宙人リーディングのようなものもやっていますが、これは、もっともっと難しい、訳《わけ》のわからない話でしょうね。そのまま宇宙語をしゃべってもしかたがないでしょうから、宇宙人の魂《たましい》が発する「思い」のほうをキャッチしているということです。

まあ、これは、一種のテレパシー能力と言えばテレパシー能力です。仏教用語《ぶっきょう》で言えば、「読心能力《とくしん》」ですね。「心を読む力」というところでしょうか。

未来は一瞬《いっしゅん》で予想できる

天雲　霊言には、今、生きている方の守護霊《しゅごれい》も出てきます。各国の要人や、世間の人が「今、この人の考えを聞きたい」と思っている人を、タイムリーにパッと選んでこられるのは、マスコミが、喉《のど》から手が出るほど、うらやましいところだと思います。

大川総裁は、「今は、この人だ」ということをキャッチするために、毎日、どういうところにアンテナを張っていらっしゃるのですか。

大川隆法　情報に関するアンテナとしては、毎日の、普通の努力の積み重ねだと思います。

方向性としては、「どのような未来を創りたいのか」というビジョンがあるので、それに役立つかどうかということを一つの基準にしながら、ある程度、普通の人たちがするのと同じような努力をしていると思いますね。

ただ、嗅覚《きゅうかく》と言いますか、直感力のようなものは、やはり、多少違いがあるのかもしれません。

今、世の中で何が起きていて、どれが重要なのか。ある出来事が起きて、それをそのままにしておいたら、今後、未来がどうなっていくのだろうかということを、一瞬《いっしゅん》にして予想していくようなところがあります。

手のなかからサイコロを投げた瞬間に、最終的にどの目が出てくるかを、即座《そくざ》に予想してしまうところがあります。だから、その目が出たら困ると思えば、やっぱり、それが出るまでの間に、「自分がやれることは何なのか」を考えてしまうということでしょうか。

未来を見るための秘密は孤独《こどく》な時間

天雲　情報をキャッチした瞬間に、そこから形成される未来がどうなっていくのかが見えてしまうということですね。

大川隆法　そうですね。でも、その未来が修正の効《き》くものであることもわかります。

野球にたとえれば、ボールがピッチャーの手を離《はな》れる瞬間に、球種がどういうもので、どこを狙《ねら》っているものなのかが、あらかじめわかるなら、バッターはそのコースにバットを振《ふ》れば、ボールに当てられるでしょう。

その判断に必要な零《れい》コンマ何秒かの部分で、バッターの打率が決まってくるのです。普通は、三割も打てればいいほうですが、あと零コンマ何秒か速く認識することができれば、おそらく打率は八割でも九割でもいくでしょう。例えば、あらかじめ、「これはカーブで、このコースに入ってくる」ということがわかれば、打率は上がるでしょうね。

天雲　そのように未来が見えるようになるためには、尋常《じんじょう》ではない努力が必要だと思います。

そこで、ある意味で秘密の部分と言いますか、大川総裁のプロの宗教家としての一日の過ごし方について伺《うかが》いたいと思います。

以前、法話《ほうわ》「プロフェッショナルの条件」のなかで、「普通は、テレビのカメラが入るところだけれども、それはほぼ不可能であろう」というようにおっしゃっていたと思います。

大川隆法　（笑）極めて撮《と》りにくいでしょうね。こういう霊的《れいてき》生活をして、仕事をしている人の一日を、カメラを入れて撮影するというのは、極めて難しいでしょう。当然ながら影響《えいきょう》が出てくるので、普通は嫌《いや》がるんですよね。

できるだけ多くの人に影響を与《あた》えなければいけないような仕事をすればするほど、孤独《こどく》の時間が大事になってくるんです。一人で考えごとをしたり、勉強をしたりするような時間が大事になってくるので、邪魔《じゃま》をされたくないという気持ちがあります。

スマートフォンやインターネットは一切使わない

大川隆法　私は、ある意味で、自分は〝縄文《じょうもん》時代人〟だなあと思っているところもあります。こう言うと、「自己卑下的《ひげてき》でいけない」と周りから少し注意されるので、気をつけているのですが。

今は、インターネットや携帯《けいたい》電話、スマートフォンが、当たり前の時代ですよね。横断歩道を歩きながらでも、電話をしていたり、スマートフォンを見たりしています。〝超人《ちょうじん》〟がたくさんいらっしゃるのだとは思いますが（笑）、携帯電話を見ながら駅のホームから転落する人などを見ると、さすがに「マトリックス」みたいな世界では生きられませんから、ちょっと危ないなと思います。

私は、自分が何かに集中しているときに、色々なものが入ってくるのは、あまり好きではありません。執務室《しつむしつ》に昔ながらの固定電話も置いてはありますが、備えつけてあるだけで、私のところにかかってきたことはないですね。

私の周りには、秘書部隊を中心とした宗務《しゅうむ》本部というのがあります。宗務本部の人たちは、みな、私の「邪魔されたくない」という気持ちをわかっていますし、あるいは、私の場合、（幽体離脱《ゆうたいりだつ》をしていて、）肉体のなかに魂が存在しているかどうかも怪《あや》しいので、よほどのことでなければ、電話などで邪魔をしてはいけないと思っていますね。

私の周りにいる人たちは、みな、もう「察しの文化」です。

「今はいけるんじゃないか」というあたりの気配を察してやって来ることができるか、あるいは、駄目《だめ》な場面に遭遇《そうぐう》したときに、それを切り抜《ぬ》けられる能力を持っているかですね。

そういう人だけが、私との接触《せっしょく》を許されるようなところはあります。その意味でのコミュニケーションは、難しいところがあると思います。

ものすごい高速回転で動いているから、止まって見える

大川隆法　また、この世的な情報も取ってはいますが、私の場合は取ろうと思わなくても、必要なことは、霊的に向こうから色々と言ってくることもあります。

ですから、秘書たちの修行《しゅぎょう》としては、念縛《ねんしば》りではないのですが、自分の〝守護霊縛り〟のようなことを一生懸命《けんめい》やっています。守護霊が勝手に私のところへ来

て、色々なことを言わないように、一生懸命コントロールして縛ることができれば、宗務の人間としては一応プロです。

普通の人だと、守護霊がどんどん、どんどん私のところに来るんですよ。つまり、心に思ったことが、すぐに私に伝わってきます。だから、本人は何も訊いていないのに、私から答えだけ返ってくることも(笑)、あったりするんですけどね。

秘書たちにいちいち何か思われると、私は大変なので、秘書たちはみな、無念《むねん》無想《むそう》で仕事をするような感じになっています。

そういう意味では、私の周りは、昔の禅寺《ぜんでら》と変わらないところがあるかもしれません。

また、私は、何かによって、考えごとや勉強の時間を中断されるのが非常に嫌《いや》なので、忙《いそが》しいようでも、心は「寂《じゃく》」の状態にあり、石庭《せきてい》を眺《なが》めているようなところがありますね。

あるいは、ものすごい高速回転で動いているから、物が止まっているように見えるのかもしれません。

天雲　秘密の一端《いったん》を明かしていただき、ありがとうございます。

大川隆法　いえいえ。

公開霊言の収録で、霊を呼び出す（東京都・幸福の科学総合本部）。

第3章

聴《き》いた人を虜《とりこ》にする説法《せっぽう》の秘密

男女を問わずメロメロにする力

吉川　本日は、普段《ふだん》なかなかお伺《うかが》いできないことを訊《き》かせていただける貴重な機会ですので、ぜひもう少し、大川総裁の〝素顔〟に迫《せま》らせていただけたらと思います。

私は、大川総裁は本当に〝聖なる色気《いろけ》〟のある方（会場笑）だと思っています。

大川隆法　聖なる色気がある？（笑）　うーん、どうしましょう。今日の副題は「聖なる色気」にしますか。

吉川　（笑）（会場笑）

大川隆法　「素顔の大川隆法――聖なる色気の秘密を探る」（笑）。
（吉川に）ああ、はい、どうぞ。失礼しました。

吉川　大川総裁はどのように若々しさを保たれているのか、お伺いできればと思います。
大川総裁は、男女を問わず、たくさんの方に人気があって、みなさんをメロメロにする力があると思うのですけれども。

大川隆法　おお！　面白《おもしろ》い言葉が次々と出てきますね（笑）。メロメロですかあ。

吉川　はい（笑）。一般《いっぱん》の方とお話ししていても、やはり、「大川隆法先生はすごいんだけれど……」という言葉をよく耳にします。その続きは、ちょっとなんとも申せないんですけれども。信者ではない方でも、大川総裁のファンという方は、本当にすごく多いなと実感しております。

そういった魅力《みりょく》を、常に持ち続けられる秘訣《ひけつ》を、教えていただきたいと思います。

大川隆法　「聖なる色気」と「メロメロ」は、印象深い言葉でしたね。今後、家で紙に書いて貼《は》っておこうかな。

吉川　（笑）

大川隆法　「聖なる色気を目指せ」「メロメロにせよ」（会場笑）。

（笑）いいですねえ、いい感じですね。これだと、何をやってもいけそうじゃないですか。

そんなに深く考えているつもりはないのですが、やっぱり、話を聞く側や、見る側の視点を、いつも考えてはいます。講演会なども長くやってきていますのでね。

集合想念を感じながら八十パーセント以上の人の気持ちをつかみにいく

大川隆法　私の説法《せっぽう》を聴《き》く人たちには、色々な年齢層《ねんれいそう》の方がいますし、男性も女性もいます。小学生以下の方もいますが、だいたい小学生くらいから、上はもう八十、九十代まで、私の話を聴いています。この年齢の幅《はば》は相当なものなので、みなさんに同じ話を聴いてもらうということは、かなり難しいのです。

いつもは、たいてい、みなさんがどのように感じているのかということを、集合想念として感じ取りながら話していますね。

全員に合わせることはできないのですが、少なくとも、八十パーセントくらいの人には伝わらなければ駄目《だめ》だという気持ちは持っています。

だから、八十代や九十代であろうとも、十代であろうとも、だいたいどんな層が講演会に来ているのか、男女の割合はどれくらいかということを見ながら、そのうちの八十パーセント以上の人の心をつかんで、話をわかってもらわないといけないと思っていますね。

逆に、そういう気持ちがあるので、ある意味でアピールの仕方になって表れているのだろうと思います。

サンデル教授もびっくり？「白熱教室」を超《こ》える熱気の講演会

大川隆法　説法のなかでは、難しい言葉を使うこともあるので、おそらくわからないだろうなと思われる人も、一定のパーセンテージでいることはいます。

だから、言葉で伝わらないと思うと、言葉ではないもので伝えようとします。ボディーランゲージですね。表情や、手や体の動き方であったり、声の大きさを上げたり下げたり、強く言ったり、ちょっと怒《おこ》ったように見せたり、そうでなかったり。声のトーンもありますし、笑い方などもあります。そうした表情なら、例えば、民族を超《こ》えても理解ができますよね。

それから、話のテーマに合わせて、意図的に、イメージづくりを考えることはあります。

「メロメロにする」というのは、よくわからないのですが、みなさん、そんなにメロメロになっているのかなあ。

ただ、巡錫《じゅんしゃく》などで信者との対話や質疑応答をすると、あちらこちらで、今、アメリカで流行《はや》りの、いわゆる「白熱教室」のような感じになることは多いですね。当会では、あまり日本的ではない風景が見られます。個人個人は、みな恥《は》ずかしいことを言っているのではないでしょうか。

特に質問のときなどは多いと思いますが、夢中になって自分を一生懸命《けんめい》アピールしているところは、日本人ではないみたいです。「日本人でも、こういう人がいるんですよ」と、マイケル・サンデルさんにも見せてさしあげたいくらいですね。

人の質問をばかにしたことは一度もない

大川隆法　それから、私は質問をばかにしたことは、今まで一度もありません。どんな質問をされても、必ず、その人に恥《はじ》をかかせないように答えています。なかには、テープ起こしをしても、言っていることがわからないような質問もあるのですが、そのわからない質問を、いかにわかっているかのように聞くかということが、やっぱり大事ですね。

おそらく、このあたりについて答えれば、満足してくださるだろうと思うところを絞《しぼ》り出して、相手が言いたいことを、こちらで代わりに、「あなたは、これが訊きたいのでしょう?」と教えてさしあげるつもりで、ポイントを絞ってお答えしています。

本当は訳《わけ》のわからない質問をしたとしても、もし、回答が他の人の参考になったら、いい質問をしたような気持ちになれます。「自分がいい質問をしたから、総裁が、ああやって色々な話をすることができたんだな」と思って、満足されることがあるんですね。そうすると、「メロメロになる」ということとは、違《ちが》うのかもしれませんが、幸福感のようなものは出るのかもしれません。

当会では、熱心に質問をしてくださる方が多いのですが、周りから自分のことをばかだと思われるのではないかと気にするのは、日本人の普通の感覚ですので、そういうふうに思わせないようにしています。

だから、決して、揚《あ》げ足を取ったり、変な扱《あつか》いはしたりしないようにしていますね。

聴衆《ちょうしゅう》がいつも機嫌《きげん》よく手を挙《あ》げる理由

大川隆法　それと、怒ることもまずありません。

みなさんも、「先生に質問をしても、怒られることはないだろう」と思っているから、機嫌《きげん》よく手を挙《あ》げられるわけですよね。もし私が、「そんなくだらん質問を訊くんじゃない！」などと言ったら、あとはもう萎縮《いしゅく》するでしょうからね（笑）。実際には、そういうことは、まずありません。だから、そのあたりは安心しているのではないでしょうか。

これらは基本的な方針です。普通であれば、真っ赤になって怒るような質問をされることも、あることはあります。けれども、私の場合は、そういうことを訊かれても表情に出ません。「ふーん。なるほど、そういう見方もあるのか」という感じで、他人事《ひとごと》のように聞いているのです。

そういう意味では、相手に安心感と言いますか、「ちょっと甘《あま》えてもいいのかな」という気持ちを与《あた》えているのかもしれません。

英語説法ができるのは
英語力ではなく、説法そのものの能力

天雲　大川総裁は、年齢や性別を超えて、様々な方をターゲットに講演会をされています。特に、二〇〇七年からは、海外でも英語説法をされています。

信者ではない私の親戚《しんせき》も、「この間、大川総裁がハワイで説法されたんだよ」と伝えると、「えっ!?」とびっくりしていました。

大川総裁の英語説法に対する思いなどをお聞かせください。

大川隆法　英語のうまい方はたくさんいらっしゃるので、とても敵《かな》わないと思うことはいっぱいあります。色々なところに、英語がすごくできる達人はいっぱい潜《ひそ》んでいるんですよ。

ただ、話の内容全体をつくるとなると、難しくなると思うんです。私の場合は、やっぱり日本語で説法を数多くやってきた経験と実績が、自信になっているところはあると思います。日本語だったら、どのようなテーマでもたいてい話ができるので。

基本的に、話を組み立てられる能力と、平均以下では困りますが、一定以上の英語能力があれば、話ができるようになるということです。

例えば、アメリカ人であっても、結婚式《けっこんしき》のほんの三分間のスピーチでも、一週間前から一生懸命内容を覚えようとしては忘れ、紙に書いてポケットに入れたり、またそれを出したりして、「あれ、どこへ行ったかな？」などとやるくらいに、緊張《きんちょう》するそうです。職業として講演などをやっている人は、そうでもないと思うんですけどね。

だから、私の場合は、英語能力があるように見えていますが、実際は、英語能力ではなく、説法能力があるから、海外で英語説法ができています。基本的には、それが大きいですね。

やっぱり、日本語で一時間の説法ができない人は、いかに英語の達人であっても、英語で一時間の説法はできません。

英語そのものについて一定の努力はしていますが、英語がよくできる人は、ほかにいっぱいいらっしゃいます。「これは、相当できるんだなあ」と思う人は、いっぱいいますが、たいてい二、三分以上は言葉が続きません。五分も話すと、もう〝品切れ状態〟になることがあります。

私はそこで品切れ状態にならずに、延々と言葉が出てきます。内容をいくらでも出せるので、一時間半くらいしゃべることは、別になんの問題もありません。このあたりが違いだと思います。

説法はすべてリハーサルなしの本番のみ

大川隆法　海外で話す場合もちろん同じです。ただ、海外の場合、相手は見知らぬ方々であり、本当に〝ファースト・コンタクト〟です。普通は、予行演習というか、リハーサルをやるのでしょうが、私は「リハーサルをしない主義」なので、いつも本番しか説法しません。

結局、「道場での練習試合はやらない」「真剣《しんけん》での立ち合い以外はやりません」ということです。その意味では、緊張度は国内でも海外でもどれも同じです。「真剣です」という気持ちです。斬《き》れなかったら、自分のほうが斬られることになるので、失敗したらそれで終わり、「やり直しなし」という条件で、いつもやっていますね。

だから、最後は、英語力というよりは、度胸《どきょう》や勇気の世界なのではないでしょうか。「跳《と》べるかどうか」だと思いますね。まず、跳ばないと駄目です。本当は、英語ができる人はたくさんいるのですが、最初に、まず跳ばなければいけないのです。

例えば、広い橋がかかっていたら、誰《だれ》でもみな、谷を渡《わた》ることができます。広い橋をかけて、そこに赤いペンキで三十センチくらいの幅で帯のような線を引き、「広い橋のうち、この三十センチ幅の赤い部分の上だけを歩いて、向こうに渡ってください」と言われたら、おそらく、みなさん歩いて渡れると思います。

でも、この周りの広い部分を取って、三十センチ幅の丸太一本だけにして、「この上を歩いてください」と言ったら、「谷底に落ちるのではないだろうか」と思い、怖《こわ》くて歩けなくなります。

周りの広い橋の部分が見えていたら、そこを歩くのは別に困りません。この橋の部分に当たるのが何かと言うと、あらゆる状況《じょうきょう》に対処する能力のようなものだと思うんですよ。どのようなシチュエーションでも対応してきたという経験や能力だし、日ごろから、コツコツと様々なかたちで、関係のありそうなものについて勉強してきたことだと思いますね。

元男性秘書が見た、大川総裁の意外なライフ・スタイル

大川隆法　この前、饗庭《あえば》君（幸福実現党広報本部長、全米共和党顧問《こもん》〔アジア担当〕、収録当時）が自費出版で出した本（『最強国家──日本の決断──』〔文芸社刊〕）を読んでいるときにインスパイアされて、田原総一朗《たはらそういちろう》さんの守護霊《しゅごれい》を私に入れて、政党幹部との対談をやりました（『田原総一朗守護霊VS.幸福実現党ホープ──バトルか、それともチャレンジか？──』〔幸福実現党刊〕参照）。

饗庭君の本は、なぜか自費出版で、幸福の科学出版から出してもらえなかった

ようなので、おそらく、彼《かれ》はメロメロにする能力がちょっと足《た》りないのでしょうね（会場笑）。女性局長たちをメロメロにできたら、幸福の科学出版から出せたのかもしれませんが、やや足りないのだと思います。

ところで、彼の本を読んでいると、私の話が出てきました。

若いころに大川総裁の秘書をしたことがあると書いてありました。まあ、庶務《しょむ》のような仕事ですけれども。そして、大川総裁は、イチローと一緒《いっしょ》で、一日中、やることはすべて決まっていて、規則正しく、習慣のように同じ〝儀式《ぎしき》〟を繰《く》り返しながら、次々と仕事をこなしていくというようなことを書いていました。

イチローは、いつも同じ素振《すぶ》りの仕方で、同じものを食べて、同じように起きて運動し、同じように打って、同じように一塁《いちるい》に出て行くということを、たんたんと積み重ねています。

饗庭君の本には、大川総裁は、「イチローのごとき『求道者《ぐどうしゃ》』だ」と書いてありました。そう言われてみれば、確かにそうだなと思います。私にも、イチローみたいにワンパターンに、ただただ、たんたんと同じことを積み重ねている感じはあります。

ですから、「一年間を通して、自分がどのくらい仕事ができるか」ということが、読めることは読めます。「このくらいできる」ということは、読めるのですが、そのパターンを変えないというところはありますね。

そういう意味で、私の実際の毎日の過ごし方を見れば、そんなに天才的な閃《ひらめ》きに基づいてやっているわけではないということがわかります。

本当に普通《ふつう》の努力をしているのですが、それが習慣として積み重なっていくと、やや普通の人とは違って、「へえ！」と思うような結果が残っていく状態になるんです。

突発《とっぱつ》事態に対処できるのは普段の習慣の力

天雲　成功するためには、成功の習慣をいくつ持てるかというところに、かなり勝負がかかっていると思うんですけれども。

大川隆法　私は、説法のテーマについても、弾《たま》はたくさん持っています。例えば、今日も、本来は「大平《おおひら》元首相の霊言《れいげん》」を録ろうかと考えてはいました（六月十四日に収録）。

ところが、私は、様々なものを雑読するのですが、昨日《きのう》の夜、マーケティングの本を読んでいたときに、「今は、もう少しこのあたりのことを、みなさんに教えなければいけないときだな」と感じ、収録の内容を、このインタビューに変更しました。

もちろん、中身を売り込《こ》むことは大事なのですが、例えば、選挙については、「中身まではわからないけれど、とにかくイメージを売り込むということが大事だ」という考え方ですね。これを知らせなければいけないと思いました。

恥ずかしながら、「素顔の大川隆法」などというタイトルを、今朝、朝風呂《あさぶろ》に入っているときに思いつきました。

（質問者たちに、急な収録になったことに対して）すみませんね。みなさんにとっては急なことで、「どんな服を着たらいいんだろう」とか、「あっ！　昨日、美容院に行ってくればよかった」とか、「前の日に言ってくれればよかったのに」とか、〝素顔〟のままでは、質問者のみなさんのほうが大変だろうなと思います。

こちらとしては、そうした事情も知ってはいるんですけれど、ごめんなさいね。昨日、早めに知らせておけば、午後から出掛《でか》けられたのに、突如《とつじょ》、連絡《れんらく》がいきますからね。かわいそうなところではありますが、この緊張感もまた、それなりにいいものですのでね。

確かに、習慣の力があるから、突然そのときに言われても、色々なテーマで説法ができるというのは事実です。

そういう意味で、将来、自分がするであろうと思われることについては、日ごろからコツコツと、やるべきことをやっているというところはありますね。こうしたあたりも、先ほど言った、丸太の幅以上の、広い橋の部分が見えているところかと思います。

法話後に行う質疑応答の様子（幸福の科学東京正心館）。

海外で、英語によって行われた大講演会の様子（フィリピン）。

第4章

すごい仕事量でも暇《ひま》に見える「超絶《ちょうぜつ》仕事術」

大平元首相《おおひら》からココ・シャネルまで――幅《はば》広い関心を持つ秘訣《ひけつ》

天雲　ほかの宗教と幸福の科学が違《ちが》うところは、自由と寛容《かんよう》さのイメージだと思っています。

大川総裁は最高にクリエイティブな方で、出されている著作を見ても、「これは本当に同じ人が出しているのかな?」というくらい、ジャンルが幅《はば》広く、説《と》かれている法話《ほうわ》のテーマも、女性論、経営論、教育論と様々です。

「素顔の大川隆法」を知るためには、大川総裁の多面的なところを知らないと、本当には見えてこないところもあります。そうした意味で、大川総裁が、いちばん大事にされているのは、自由や寛容さではないかと思うのですけれども、それとは別に、「これは大事にしている」というものがありましたら、教えていただけますか。

大川隆法　結果的には、そういう自由と寛容さなどはあるのかもしれませんが、私自身としては、どちらかと言うと、自分の興味・関心が持てるものを追求しているだけなんですね。

興味・関心が持てるところは、ずーっと追い求めていって、やっているうちに、また、新しい何か別なものにちょっと当たってくることがあるのです。そうすると、「あれ？　こんなものがあるんだな」と思い、今度はそちらのほうに関心が移って、調べていくわけですね。

だから、先ほど言った、大平《おおひら》元首相について話をすることもできれば、ココ・シャネルについて話をすることだってできるというところもあるんです。

「シャネルとほかのブランドの違い」というテーマの話も、やろうと思えばできますし、発明家の話をするのであれば、また全然違う話にも持っていけるというように、これは関連していくものなので、関心が出てきたら自分で広げていくんです。

仕事ができるタイプの「垂直思考型」とアイデアマンの「水平思考型」

大川隆法　最初は浅ーく掘《ほ》っていくんですけれども、そのうち物足《ものた》りなくなってきて、「もうちょっと知りたいな」と思うものが出てきます。そういうときに掘り下げていくんですね。

だから、何か一つメインのものを大きく掘り下げてはいるのですが、それ以外のところもいつも浅くは見ていて、カチンと当たったものについては、そちらも掘り下げていき、同時にあっちもこっちも掘り下げている状態になっています。

これはいわゆる「水平思考」というものですね。水平思考というのは、色々なところで同時に穴をいっぱい掘っていくようなやり方です。

人間のタイプには、「水平思考型」と「垂直思考型」の人がいますが、「男性型の頭脳」と言われるような頭脳はこの垂直思考型ですね。女性にもこのタイプはいます。

一つのプロジェクトなり案件があって、それが終わるまでは、そのことばかりをやり続けて、ほかのことはちょっとできないというのが垂直思考型ですね。だいたい仕事がよくできるのは、そういう人が多いですね。

ただ、このタイプはその案件をやっている途中《とちゅう》、ほかのことを頼《たの》んでも、まずやってくれません。「これが終わってからだ」と言って、ずーっとかかりきりになり、ほかの依頼《いらい》を聞いてくれないことが多いですね。

（質問者たちに）みなさんも、もしかしたら垂直思考型のタイプかもしれないし、そうではないかもしれません。

先ほど言った、同時に色々なところに穴を掘っていく水平思考型のタイプの人は、興味や関心を持ちやすいのですが、普通《ふつう》は「気が多い」タイプと言われています。気が散るタイプで、色々なものに関心が持てるけれども、深く掘れないことが多いです。ただ、このタイプの人は、アイデアマンで、多動性の人が多いですね。

「水平思考」と「垂直思考」を統合すると多面的に活躍《かつやく》できる

大川隆法　普通は、水平思考と垂直思考はなかなか両立しないものですが、私はこの両立しないものを両方とも持っています。これの統合が、実は色々なジャンルに入り込《こ》んでいけるところなんですね。

普段は何か一つの本業というか、自分の中心になっているものを深くやっているのですが、同時にほかのところにも関心を持ってウォッチしていて、大事だと思ったら、そちらを掘り下げ始めるわけです。

一つの大きな井戸《いど》を掘っているうちに、ほかの井戸もちょっとずつ、だんだん掘れていくんです。一つの井戸を底まで掘って、水が出てくるところまできたら、だいたいそれ以外の井戸も、もうちょっと掘ったら水が出てくるところまできていて、視点をそちらに移せば、その井戸からも水が出てきます。

このように井戸をいつも掘り進んでいるというか、関心は広げていますね。

逆に言えば、ある意味、私ほど時代に取り残されないように用心している人間もいないのかもしれません。いやあ、とっても怖《こわ》いですよ。

若い人がいっぱいいるでしょう？　若い人たちから、「それは古くなりました。

後《おく》れています」と言われるのが、とっても怖いのです。

まあ、ときどき私も弱気になって、そういうことを口走ることもあるんですけれどもね。周りの人たちは、「先生、何を言っているんですか。先生は、今、時代の最先端《さいせんたん》を行っているじゃありませんか！」と言って励《はげ》ましてくれるんですが、「そうかなあ。縄文《じょうもん》時代から全然進んでいないような気もするんだけどなあ」なんて思ったりすることもあるんです。

縄文時代のシャーマンの復活のようなことを一生懸命訴《けんめいうった》えているような感じもしないわけでもないのでね（笑）。

「新しいもの」と「古いもの」を同時に追求する

大川隆法　そうした「垂直思考」と「水平思考」が両方できると同時に、私は

「新しいもの」と「古いもの」を同時に追求しているようなところもあると思うんですね。古き良きものにも、ちゃんと関心を持って、井戸を掘っているけれど、新しいものに対しても、ウォッチすることを忘れないということでしょうか。

だから、古代について勉強していても、今なら、「アメリカと中国のトップが会談した。これをどう分析《ぶんせき》するか」というようなことも同時に考えているということですね。別々にはならないということです。

まあ、そんな面を持っています。だから、そういう意味で多角的なのかもしれませんね。編集者なども、けっこう色々なものに関心は持たないといけないでしょう。（質問者たちに）どうですか。

船井　そうですね。薄《うす》く広くですけれども（笑）。

外国為替《かわせ》で鍛《きた》えた超《ちょう》高速仕事術

大川隆法　あるいは後天的に少し「修行《しゅぎょう》」をしたのかもしれません。会社（総合商社）に勤めていたときは、外国為替《かわせ》からスタートしたんですけれども、とっても忙《いそが》しいセクションだったので、すごく仕事が速くないとできないんですよ。

その仕事を終えてから、次の仕事に取りかかろうなどと思っていたら、とてもではないけれどできません。やっている途中で、次から次へと色々な仕事が飛び込んでくるような状況《じょうきょう》だったので、先ほど言ったように、一つの仕事が終わらないと次の仕事ができないような人は、例えば、為替に関係する仕事がいっぱい発生しているときなどはものすごい状況になるので、それに忙殺《ぼうさつ》されてしまいます。

そんなときに、人と面談などが入ったら、とたんに仕事が全部中断してしまって、自分は何をしていたのかもわからなくなる。しかも、面談している間にも、

「こんな電話が入っていました」などというメモがいっぱい入っていたら、もういったい何をどうしたらいいのかわからなくなって、パニック状態になるんですね。

だから、外国為替などは、いちばん忙しい仕事の一つかと思います。ところが、その当時、私は周りからよく、「君はいつも余裕《よゆう》がある」と言われていました。私はどの部署に行っても、いつも暇《ひま》そうに見えるらしくて（笑）。忙しそうに見せるほうが、給料はもらえるので、私はそれでずいぶん損したのですけれど。

忙しそうに働いていれば、給料はもっと高くなるかもしれませんが、私が行くと、そこの仕事がなくなっていくという傾向《けいこう》がいつもあって、私が処理していくと仕事がスーッと消えてなくなっていくんですよね。ほかの人がアップアップしている仕事が全部、私のほうにスーッと流れてきて、スーッと消えていくような状態になっていくんです。

判断速度を上げて、手持ちの仕事をなくす

大川隆法　これは、たぶん判断の速度だと思いますね。普通、三回くらい応酬《おうしゅう》しないと終わらないような仕事を、私は一回で判断してしまうので、かかる時間がすごく短くなるのです。

電話で色々な問い合わせが来たり、個別の案件がいっぱい入ってくるんですが、私はすべてその場で即答《そくとう》して決めるということを習慣にしていたのです。

私は常に、手持ちの仕事がいつもなくなるように考えていました。「仕事はその場で終わらせてしまう」ということを習慣にすると、次の仕事に、いつ、何が入ってきても、対応が可能になるんですよね。

そういう意味で、私は傍《はた》からは暇そうに見えていたんです。周りの人たちは忙しそうに見えて、私は暇そうに見えるので、実に〝不利〟な状況だったのです。

ほかの人たちは仕事が終わらないのに、私は午前中で仕事がいつもなくなるように見える人だったんですね。

自分の仕事をしながら周囲の様子がすべて把握《はあく》できる特殊《とくしゅ》能力

大川隆法　それと同時に、不思議なことですが、先ほど「三つくらいの目で見ている」と言いましたけれど、感覚機能として同時にほかのことができるところもありました。

何か作業をしていても、ほかの人たちが、あちらこちらで話をしていたり、誰《だれ》かと対談したり、色々なところで電話したりしているでしょう？　その人たちが電話したり、立ち話したりしている内容が、自分の作業をしながら、全部聞こえているんです。

さらに、それについての判断ができるので、自分の仕事をやりながら、「○○さん、それは、こうしておいたほうがいいよ」という感じで言えるんですよ。

頭がパッパパッと切り替《か》わるんですかね。ほかの人の電話の会話の内容まで聞こえてくるんです。

私自身が多いときは受話器を二つ持って、右耳と左耳の両方でやっているような状況で電話をしながら、さらにほかの人が話している内容まで聞き取れるのです。今、何を問題にしているのか、どんなことに困っているのかがわかるので、電話で話をしながら、「あ、ちょっと、それはこうしてください」と、パッと言えるような感じでしたね。

これは「飛んでいる蠅《はえ》が止まって見える世界」かな。

宮本《みやもと》武蔵《むさし》が飛んでいる蠅をお箸《はし》でつまんでポイッと捨てるのを見て、武蔵に斬《き》りかかろうと思った人が、「これは危ない」と思ってやめたという逸話《いつわ》がありましたが、そんな感じに近いのかなと思います。

蠅が空中で止まって見えるように、時間がスローモーションに見えるんですね。そんなことがあります。

私は時間を伸《の》び縮みさせることができる「人間タイムマシン」

大川隆法　私には「人間タイムマシン」みたいなところがあるのかもしれませんね。一瞬《いっしゅん》のうちに過去・現在・未来に行って、色々見てくる感じがあります。人間タイムマシンみたいなところがあって、時間が伸《の》び縮みするんじゃないでしょうか。

船井　そのあたりが、先ほどお話に出ました、大川総裁の〝聖なる色気《いろけ》〟につながってくるのでしょうね。

大川隆法　聖なる色気！　「色気」の意味はちょっと理解不能なのですが（笑）。

船井　大川総裁は、普段はとても静かな佇《たたず》まいでいらっしゃるのに、実は大変膨《ぼう》大《だい》なことを思索《しさく》されたり、判断されたりしていますね。

大川隆法　そうなんですよ。だから、今朝も出掛《でが》けに、「船井さんが、インタビューに出てくれるだろうか？」と考えましたからね。「出てくるだろうかなあ。出てくるとしたら、どういう感じで出てくるかなあ」と考えます。今日は予想どおり、やっぱり若返って出てきましたね（笑）。

船井　過分《かぶん》なお言葉をいただきまして、ありがとうございます。

第5章

美的センスの磨《みが》き方

獲得《かくとく》した能力は捨てず、新しいものを目指す

船井　大川総裁は、先ほど、色々な井戸《いど》を耕されているということで、垂直思考と水平思考のお話をしてくださいましたが、「宗教家」と言いますと、心の教えだけを説《と》いていればいいのではないかという考え方が、世の中にはあります。

そのあたりで、大川総裁は一線を画しておられ、社会や世界の色々な問題に対して、大きな発信をしてくださっています。

それは、何ゆえなのかということと、大川総裁の今のお心にある使命感など、思いのあたりを教えていただければありがたいと存じます。

大川隆法　いったん手に入れた能力は捨てないからでしょうね。
いったん獲得《かくとく》したものは、基本的に捨てないんだと思うんですね。それで、新

しいものをいつも目指していくから、増えていくのだろうとは思います。
ただ、タイプ的には、ほかにもいないわけではなくて、弘法大師《こうぼうだいし》・空海《くうかい》（七七四～八三五、真言宗《しんごんしゅう》の開祖）なども、実務的にはかなり様々なことができたタイプに見えますね。空海は宗教家にならなかったとしても、ほかの仕事もおそらくできたと思われます。

船井　事業家という面ですね。

大川隆法　そうですね。ダム建設（満濃池《まんのういけ》の改修）までできたわけですから。私はダムの建設はまだできないかもしれませんが（会場笑）。
空海は留学先の唐《とう》で教わったのかもしれませんが、「築堤法《ちくていほう》」を知っていました。

普通、横にまっすぐつくる堤防を、アーチ型の堤防にすると、水圧を跳《は》ね返す力が出てくるという技術です。あれは、かなり専門的な勉強をしないとわからないですよね。あの時代は、なんでもお経《きょう》に取り込《こ》んでいて、そうした築堤法、ダムをつくる方法までお経になっていた時代なんですね。

空海も、宗教家以外の才能にもあふれていた

大川隆法　それから、雨を降らす方法までありました。実際に、雨を降らすというのは、今は、空に特殊《とくしゅ》な溶剤《ようざい》を散布すれば、雨が降るような技術がありますが、空海は気象予報士プラスアルファであったかもしれない人です。

また、空海は暗記法も有名ですね。「求聞持法《ぐもんじほう》」という経典があり、それを百万遍《べんとな》唱えたら、あらゆるお経を暗記できるようになるというものです。嘘《うそ》か本当

か、私もやったことがないから、よくわかりませんが、暗記力も鍛《きた》えられたのだろうと思います。

そういうことで、昔もそういう人はいたのです。おそらく空海は宗教家にならなかったとしても、ほかの職業の世界でも活躍《かつやく》できたタイプの人なのではないかと思います。たまたま宗教家になって、そちらの才能はあったのですが、ほかの能力もあり余っていたというところでしょうか。

空海は、京都で東寺《とうじ》を下賜《かし》され、朝廷《ちょうてい》の顧問《こもん》のようになって、色々と意見を言っているので、政治への関心も相当感じられます。

こういう多才な人というのは、昔から、いるのかもしれませんね。

ただ、私は、口と両手と両足で、五本の筆を使って字を書いたりはできないので（笑）、「五筆和尚《ごひつおしょう》」（空海のこと）のようになるのは無理ですけれど。

宗教家、教育者、経営者
そしてファッションリーダーとしての側面も

吉川　大川総裁は、水平思考という面では、たくさんのことに興味をお持ちで、たくさんの井戸を掘《ほ》っていらっしゃいます。そういった意味で、宗教家でもあり、教育者でもあり、経営者でもあり、多くの面を持っていらっしゃると思うんですけれど……。

大川隆法　女性評論家でもあり？

吉川　（笑）そうですね。

大川隆法　それは冗談《じょうだん》です。全くの冗談です（笑）。

吉川　ファッションリーダーでもいらっしゃると思います。

大川隆法　いえいえ。とんでもない。

吉川　いつもおしゃれな服を着ていらっしゃって、今日も、本当に素敵なお召《め》し物をされていると思うんですが。

大川隆法　いやいや。もう梅雨時《つゆどき》ですので……。

吉川　それで、ブルー系でコーディネートされたのでしょうか。

大川隆法　ええ、ええ。今日は質問者のみなさまがちょっと手強《てごわ》いと見て、服のほうに目をそらせるようにと考えまして（笑）。

昔はファッションセンスはなかった

吉川　大川総裁のファッションセンスの磨《みが》き方や、大川総裁のお好きなと言いますか、理想の女性像など……。

大川隆法　うん!?　それはまずい話題ですねえ（会場笑）。

吉川　そういったあたりもぜひ……。

大川隆法　それはまずい話題になりました（笑）。

吉川　お聴《き》かせいただければ……。

大川隆法　来ましたかあ。それは、今日の予想される質問でいちばんまずいなと思っていた質問なんです。

船井　大川総裁と大川咲也加《さやか》さん（大川総裁長女）との共著（『父と娘のハッピー対談②　新時代の「やまとなでしこ」たちへ』〔幸福の科学出版刊〕）の「まえがき」に、「頭が良くて、仕事ができて、優しい女性は、やっぱり素敵だな」という、大川総裁のお言葉がありました。かなりレベルが高いなあと思ったんですけれども。

大川隆法　今日は、家へ帰ってから怒《おこ》られる可能性があるので（笑）、それは難しい質問ですねえ。

それで、何について答えたらいいの？　何を言えば許していただける？

吉川　では、ファッションセンスの磨き方など。

大川隆法　ファッションセンスの磨き方で構《かま》わない？

吉川　はい。

大川隆法　いやあ、ファッションセンスがなくてねえ（笑）。もう本当に苦労していまして。

長男がファッションにはうるさくて、うるさくて、もう十代からうるさくて、「パパはなってない」ということで、ずいぶん怒られていまして（笑）、「世の中で醜《みにく》きもの、ダサきものの代表」みたいにまで言われていたんです。

というのも、昔は、家のなかでも運動していたので、大学生が着るようなトレーナーみたいなもので、家のなかをけっこう歩き回っていたので、ファッションセンスは実にありませんでした。

そもそも最初の幸福の科学スタート時（一九八六年に立宗《りっしゅう》）からして、「宗教家というのは、やっぱり地味でなければいけない」と周りからの意見もずいぶんありましたのでね。

月刊「アー・ユー・ハッピー？」でセンスを磨いた

大川隆法　当時はなるべく目立たない地味な格好をしていましたね。

ブレザーだって、一着しか持っていなかったわけではないんですけれども、三日間の研修会に、同じブレザーを通しで着て出たことがありました。「宗教家だったら、同じものしか着ていないように見えるほうがいいのです」という周りからの進言があって、着ていったんですね。

そうしたら、来ていた女子大生から、「あっ、先生のブレザー、これで三日目だ」とか言われました。「これはまずいんじゃないかな」と思っていたら、そう言われたので、「やっぱり、その感覚は私と同じじゃないか」と思いました。女性は服装をちゃんと覚えているんですね。

昔はセンスがなかったんですが、寄る年波《としなみ》には勝てず、〝ヨボヨボ〟になる前に、ひと花咲《さ》かせたいなと思い、そのためには、少しは努力をしなければならないかなということで、今はちょっとだけ、研究というか、センスを磨く努力をしています。

以前、月刊「アー・ユー・ハッピー?」（幸福の科学出版刊。以下、「アユハ」）に鍛えていただいたことがあるんですよ。「アユハ」の表紙をずっと飾《かざ》っていたモデルさんが着ていた服は、全部私が買った服なんです。

ちょっと普通ではない服なんですが、「雑誌の表紙になるような服は、どんな服か」というのを、自分でショッピングして、着て……あっ、私が着るわけじゃないですよ（笑）。ショッピングして、「これはイケるんじゃないか?」という服を選んで、着てもらったことがあります。そのあたりから、ファッションセンスを磨かせていただきました。

船井　その節はお世話になりました。

眠《ねむ》っていた美術系の才能が目覚めてきた

大川隆法　「アユハ」のときはレディースでしたけれども、そのあとメンズのほうも、少しは努力したほうがいいという感じになってきました。

不思議なのですが、宗務《しゅうむ》本部では、服には全く関心がないと思われていた酒井さん（幸福の科学宗務本部担当理事長特別補佐《ほさ》、収録当時）が、意外にセンスがありました。

男性の秘書で、洋服屋に行って私の洋服を作るところまで踏《ふ》み込めた人は、過去二十何年間、ずーっといなかったんです。秘書でも、そこまでは入り込めなかったんですね。

ところが、彼《かれ》は平気で入ってきたので、意外な面があるなと思いました。彼が私に講釈《こうしゃく》をし始めて、「この服はいいですけど、これは先生にはお似合いではありません」と、服地の柄《がら》や色など、色々と言い出して、その当時は伊勢丹《いせたん》のメンズショップでしたが、少しずつ選び始めたんです。

あのあたりから、ファッションセンスのイノベーションがかかってきたんですよね。

今は、年に二百回を超《こ》える説法《せっぽう》をすることも多くなってきたので、写真や映像も残るし、いつも同じ服というのもまずいでしょうから、少しずつ変えていかなければいけないと思って、研究しているところです。

思い起こしてみれば、受験期以降、才能としては消えてしまったんですけれど、もともと美術系の才能はあったんですよ。眠《ねむ》っていた部分が、今、少し目覚めてきたのかなというように思っています（一九九四年以降、過去八作の映画を製作《せいさく》総指揮《そうしき》している）。

女性の「顔が半分できた」という表現にびっくり

大川隆法　努力して、多少ファッションについて研究し始めると、私の服装にうるさかった長男も、何も言わなくなってきました。「人の目は、わりに客観的なものなんだなあ」という気はしましたね。

これは、中身の足《た》りないところを補おうとして頑張《がんば》っているということですよ。でも、女性のみなさんもわかっているんじゃないですか。みなさん、努力されています。まあ私には、少し考えられないこともありますけれどね。女性が（メイクの際に）「今は顔ができていない」とか、「顔が半分できたところだ」とか言うのをよく聞きますが、一瞬《いっしゅん》びっくりしますよね（笑）。

「顔が半分できたところ」とか、「顔がやっとできあがった」とか、すごい表現ですよね。「何か組み立てているのかな」と思えるような表現をしますが、女性は、顔は作るものだと思っているらしいですね。男性にはそういう意識はあんまりないのですけれど。作るものなんですね（会場笑）。

私の家内も、「顔が今、半分しかできてないけど、出てきた」というような言い方をよくしますので、面白《おもしろ》いですね（笑）。

「顔を作るって、どんなふうに作るんだろう」と思うと、もう可笑《おか》しくてしかたがないですよ。まるで積み木を組み立てるみたいなイメージですよね。

女性も努力しているし、男性も今はそういう努力をしているんじゃないでしょうかね。

オフタイムでは九十五パーセント気づかれない

大川隆法　私の秘書には竹内君（幸福の科学宗務本部第二秘書局局長代理、収録当時）がいますが、この前、幸福の科学学園の関西校に彼を随行《ずいこう》で連れていったんです。

「まずいことが起きるんじゃないかな」という予想はしていたんですが、彼を連れて歩いていると、なんとなく、彼を観察する視線がやたら多くなってきて、みなさんが彼に触《さわ》りたそうに寄ってくるので、やや警備にならないのです。あんまり人が多いところでは、ちょっと〝ナフタリン〟でもぶら下げて歩いてもらわないと、困るんですが（笑）。

私も、仕事として人から見られなければいけないときと、人に見られないようにしなければいけないときと、両方あります。

人から見られないようにするときは、九十五パーセント、大川隆法だとわからないようです。全然気づかれることなく、ずーっと通っていけますね。

外で講演をしているときの顔とは違《ちが》う顔と服装で行くと、けっこう色々なところに出入りしても、レストランへ行っても、映画を観ても、外を歩いていても、全然気づかれません。

普通の人のように歩いていると、それなりにわからないでいけますね。ずっと話をしていても気づかず、最後に名刺《めいし》を出したら、びっくりされるような方も、なかにはいます。

第6章

短所で勝つ 逆説的成功論

男から嫉妬《しっと》されると出世できない

船井　やはり見目麗《みめうるわ》しいほうが好感度も上がりますし、色々な点で得かと思うのですが、大川総裁は、経営の法もよく説《と》かれており、「これからの経営には美が必要である」ということもおっしゃっています。

大川隆法　ええ、ええ。

船井　男性に対して、そういった美の感性の磨《みが》き方について、メッセージをいただければと思います。

大川隆法　経営には、難しい点があり、昔から、新入社員でもそうですが、「二枚目だ」とか「男前だ」とか「美男だ」とか言われたら、まず出世しないという伝説があります。嫉妬《しっと》されるというわけですね。男から嫉妬されると、だいたい出世しません。

ファッショナブルな社員は、テレビ全盛の時代などにはすごくよかったんです。会社の広告塔《こうこくとう》みたいな感じで、対外的にはおそらくいいのでしょう。

しかし、普通《ふつう》の会社生活で、毎日の仕事をしているときは、やっぱり人の目を刺激《しげき》しますから、嫉妬する人も出てきますし、気になって落ち着いて仕事ができない人もいます。あるいは、「女性にモテるんじゃないか」と思って、ちょっと突《つ》いてくる上司もいるかもしれません。

そういう意味で、ファッションセンスがよくて、見目麗しい男性に変身したからといって、経営もうまくいくとは、必ずしも限らないところはありますね。

黒子的《くろこてき》立場でいなければいけない部署などでは、自我《じが》というか、自己拡張の思いみたいなものを見せてはいけないような面もあるし、ある程度の怖《こわ》さとか威厳《いげん》みたいなものがなければいけない部署もあるのでね。

ルックスがいい新入社員ばかりの会社は外見でしか判断していない

大川隆法　例えば、男性アイドルグループの「嵐《あらし》」のメンバーから抜《ぬ》け出てきたような、人気が出るタイプの男性社員が、会社で出世エリートになれるかと思ったら、そう簡単にはいかないというのが普通です。

大勢の人を集めてライブをやるような人には、外見も大事なことだろうとは思いますが、普段、会社で仕事をしている人のなかでは、必ずしもうまくいかない場合もあると思うので、そのあたりの加減は微妙《びみょう》に難しいですね。

深刻な会議をするときに、あまりケバケバしい派手な服で出席したら、やはりおかしいでしょうし、逆に、葬式用《そうしき》の顔というものもありますからね。

会社の秘書には、葬式に出せるような顔をしている人をいつも一人くらい置いておかなければいけないということもあるんですよ。焼香《しょうこう》して合掌《がっしょう》して顔を上げると、もういかにも悲しそうな顔に見えるような、葬式などの悲しい場面にちょうど向いている人を、人事・総務系か秘書系には、だいたい一人くらいは、いつもキープしておかなければいけないということもあるので、人のタイプや使い方は様々ですね。

ただ、一般的《いっぱんてき》には、女子にモテモテのルックスがよすぎる色男というのは、採用のときには、けっこういいのですが、会社に入ってからは必ずしもいいとは限らないことが多いと言えます。

学生が選ぶ人気企業ランキングがありますが、ランキングの高い会社に入った人を見ると、若い人の場合、男女ともにルックスがいい人ばかりですね。

ルックスがいいということは、その会社は基本的に外見でしか判断していないということだと思うんです。大勢の学生が面接に来ますから、人材を見分けるのは難しいんですよ。だから人気の高い会社の場合はパッと見て、ルックスがいい人を採《と》りやすいということですね。

仕事ができる人は「抜けているところ」をわざとつくる

大川隆法　ただ、その採用が、社業の発展に必ずしもつながるかどうかはわかりません。
実は、ルックスがいい人ではないタイプのほうが、だんだん出世してくることが、わりに多いんですよ。

なぜかと言うと、その地味さのなかにコツコツと努力ができる部分もあり、人にあまりマークされないということも大事なんです。サッカー選手だって、あまりマークされすぎたら、シュートを打てませんね。ラグビー選手でも駄目《だめ》です。

本当にできすぎて、完全にマークされると、仕事ができなくなることもあります。ですから、私も会社時代、先輩方《せんぱいがた》を見ていると、割合仕事がよくできる方は、けっこうキラキラ光っているように見えながらも、ちょっと抜けているところをつくるように努力している人が多かったんです。

「ああ、これはもうどうしようもない、敵《かな》いそうもないエリートだなあ」と見えても、ちょっと欠点があるところを、いつもわざと見せる人がいましたね。

「女性にモテない」という欠点を見せたら男の嫉妬がやんだ

大川隆法　私は、学生時代には経験がなかったのですが、社会人になってから、初めて人から嫉妬されるという経験をしました。

「私なんかに嫉妬してどうするんだ」と、内心思ったんですが、私に嫉妬する人がいるらしいことはわかったので、私も先輩方に学びながら、欠点を見せて生き残る道を選びました。

私が見せた欠点とはなんでしょう？　私の場合、「女性にモテない」という欠点を見せたら、男性たちはみんな安心してくれたので、それを〝売り〟にして、「私はもう女性にはモテなくて、怖くて女性とはとても話もできません。近寄ってこられると、緊張《きんちょう》してブルブル震《ふる》えますから、女性など、とてもとても……」

と言っていたんです。

ところが、「それは『饅頭《まんじゅう》こわい』の類《たぐい》じゃないだろうな？」と先輩から言われたことがありました。

落語で、「饅頭だけは嫌《きら》いだ。饅頭こわい、饅頭こわい」と言っていたら、「そんなにこわいのなら、食べさせてやろう」と言って、みんなが饅頭を持ってくるという話があります。本当は饅頭が食べたいから「こわい」と言っていたんですね。

先輩たちは、その話を引っ張ってきて、「おまえ、もしかしたら、それは『饅頭こわい』じゃないのか？」と言ってきたわけですけれど、私は「女性が苦手だ」「とにかく女性が苦手で、もう話すこともままならない」と、会社では言っていました。

極度の赤面症《せきめんしょう》で女性とまともに話せなかった

大川隆法　今は、幸福の科学の会員も女性が多く、わりと平気で女性と話をしていますが、実は、若いころは、私は本当に赤面症《せきめんしょう》で、女性と話すのがもう恥《は》ずかしくて、真っ赤になっていたんです。

船井さんのような方が一メートル以内に近寄って来られただけで、もうドキドキして顔が真っ赤になって、話ができなくなる。何を言おうとしたか、忘れてしまうくらいの、すごい緊張だったんです。

船井　（笑）

大川隆法　会社時代は、そういう弱点をさらけ出していたので、「あいつは、女性にモテないという弱点があるらしい」ということで、ある程度、定評ができてきて、安心して仕事ができるようになったところはありますね。

日本では、普通にしていると、かえって出世できる

大川隆法　ほかには、「借金で苦しい」という話ばかりしている人もいました。「いつもカードで借金を先につくっちゃうから、また月末に母ちゃんに怒《おこ》られるよ」というような話をいつもしている先輩がいました。その人は仕事が速くて、英語もできる人でしたが、「お金だけはない」というのを〝売り物〟にしている人でしたね。また、お酒でいつも失敗するという人とか、何か弱点をちょっと見せながら、やるべきところをやるような人は、やっぱりいましたね。

私は若いころ、そういったことを注意されたのですが、ほかにも、「普通でい

いんだ。できるところを見せようとするな」ということも、上司からはずいぶん言われました。

「君は、なんとかして早く仕事ができるようにならなきゃいかんと思っているようだ。新しいところに着任したら一生懸命頑張る《けんめいがんば》ことは、わかる人にはわかるんだけれども、そうは思わない人もいっぱいいるんだから、気をつけなきゃいけない。一生懸命やっているのを、『これ見よがしに見せつけるようにやっているのだ』と見る人も世の中にはいるから、警戒《けいかい》しなきゃいかん。だから、『できよう』と思うな。普通でいいから。とにかく普通でいなさい」と言ってくれた上司がいて、そのとおりにやっていったら、本当に評判がものすごく上がってきたので、驚《おどろ》いたことがあります。これは日本的風土だと思うんです。アメリカだと、目立たないといけないこともけっこうあるんです。

ところが、上司でもずっと上、競争にならないくらい上席《じょうせき》にいる人は、そうではないんですね。「そんなに長く待たないよ。半年なんか待たない。三カ月以内くらいに、できるかできないかの判定をかける」と言っているから、ずーっと上の上司たちは外資系並みに怖いんです。「三カ月以内くらいに能力が出てこないようなら、もう駄目だ」と判定されるんです。

だけど、それほど上ではないあたりの中間層か、ちょっと上の勤めて十年くらいまでの層のあたりの人に、自分が一生懸命できるところを見せると、色々と意地悪されたり、仕事を干されたり、情報をくれなくなるようなことがあるので、これは難しかったですね。

日本的には、「普通にしておれ。普通にしていても、できるように見えてくるから、構わない。それでいいんだ」とよく言われていたんですが、確かに普通にしていると、本当に評判がよくなったので、ちょっと驚きました。これが、山本《やまもと》七平《しちへい》さんの日本的な「空気の研究」(注)なのかもしれません。政治家もそうなの

(注)評論家の山本七平は1977年に出版した『「空気」の研究』で、日本人は「空気」に支配されやすい性質を持っていると指摘した。

かもしれませんね。

小渕《おぶち》さんや安倍さんが総理に登りつめた理由

大川隆法　総理になる人なども、いかに自分は凡庸《ぼんよう》であるかを見せているような気がします。

色々な人に意見を言わせたり、進言させたりして、それを聞くようにしていると、相手は「総理は、自分の言うことを聞いてくれた」と思って、喜ぶでしょう？　そうしたら、ほかの人にもいい宣伝をしてくれますね。「自分の意見を聞いてくれた」ということで、自分のことを受け入れてくれたと思って応援《おうえん》してくれる。そういう力の使い方を知っている人が、政治家でも出世している感じがしますね。

今の安倍晋三《しんぞう》さんも、二回目に総理になったら、一回目に比べて、その気《け》がだいぶ出てきました。

昔、小渕恵三《おぶちけいぞう》さんが総理をしていたときも、そうでしたね。周りが驚くくらい、腰が低くて、総理からお礼の電話などが直接入ってくるというので、みんなびっくりしていました。何かあれば、総理からすぐに電話がかかってくるということで、プッシュホンならぬ、「ブッチホン」などと言っていましたけれど。

電話に出たら、相手は総理で、「本当に総理からかかってきたんですか、これ？」というような電話がいっぱいかかってくるということで、本当にびっくりしたという話を聞きました。

どうも、そういう力の使い方を覚えるようですね。

できることを見せているうちは本物ではない

大川隆法　「空気投げ」という技があるんですけれど、自分では何も技をかけないで、勝手に相手のほうから技にかかって投げ飛ばされるような感じでしょうか。そのように力を使わないで、相手に勝手に色々なことをさせるような能力がアップしてくるみたいですね。

だから、自分ができるところで能力を見せているうちは、まだ本当は本物ではないのかもしれません。そういうふうに目立たないように、少しコーティングして、地味に見せることができれば、実は能力のある人を使えるということもあるんですね。

有能な人の場合は、競争が起きるので、上司は自分より有能な人を使いたがらない気《け》がありますが、上司が少しばかに見えるくらいだと、有能な人は一生懸命進言したり、代わりにやってくれようとしたりすることもあるので、そういう人の力の使い方の勉強は、まだまだ続くんだなあと思いますね。

だから、会社でファッションセンスを磨くとか、人気が出るとかいうこともありますが、出世に関してはマイナスになることもあるので、要注意だと思います。

巡錫先で、信者の見送りに応える。

第7章

未来へのメッセージ

トップの習近平《しゅうきんぺい》とオバマの考え方一つで、未来は変わる

船井　ありがとうございました。普段《ふだん》、なかなかお伺《うかが》いできないような、組織における処世術について、教えていただいたように思います。

ここで、世界情勢に関する質問をさせていただきます。大川総裁が、現在の世界情勢で、今、最も気になっていることを、教えていただきたいと思います。

大川隆法　まあ、はっきり言えば、本当にひと握《にぎ》りの人の考え方で、未来が変わる可能性がかなりあるということですよね。

今現在（収録当時）、中国の習近平《しゅうきんぺい》さんがアメリカに渡《わた》って、八時間、オバマさんとトップ同士で話をされたということです。オバマさんは、「習近平さんの人物を見極めたい」というようなことを言っていたようです。ただ、公式に外に

報道されることと、実際はたぶん違《ちが》うでしょう。

あのようなトップの人たちは、本当に、自分の考え一つで世界を破壊《はかい》することも、平和にすることもできるんですよね。だから、肚《はら》の探り合いをしているのでしょうけれども、未来がどうなるかは、そういうところにかかっています。

時系列で、いつ、何をしたらどうなるかによって、結論が変わることがありますよね。

習近平さんなどは、「太平洋にはアメリカと中国で十分に共存できるだけの広さがある」というようなことを言っていますが、非常に正直だとは思いますよ。おそらく、思っているとおりのことを、オバマさんに言っているのだろうと思います。

ただ、習近平さんの言っている「太平洋」のなかには、日本も含《ふく》まれるし、ほかの国々も存在していることはしているのです。世界にはアメリカと中国の二大《にたい》国《こく》しかないとは、世界の人はまだ認めてはいないんですよね。

だから、実際に（侵略行為《しんりゃくこうい》等の）行動に移すのが、いつなら認められるのかというところのタイミングを、彼《かれ》が誤った場合には、彼が思っている未来とは違う未来が出てくる可能性はありますね。

安倍さんだって、そういうところはあるかもしれません。彼も考えていることは色々あるのでしょうが、それをどういうかたちで、どういう説得の仕方で、どういう時系列で出していくかによって、彼がつくっていく未来も、おそらく変わってくるでしょう。

このあたりのところと、ヨーロッパのほうも心配はありますし、イスラムのほうも、ほとんどすべての方向で戦禍《せんか》が広がる可能性のある状況《じょうきょう》が出てきつつあります。ここが、次は、誰《だれ》が、どうするのかという問題は出てきましたよね。

アメリカの今の状態から見て、これをいったい誰がどうするのか。少なくともシリア情勢については、オバマさんは内戦には介入《かいにゅう》していません。シリア政府軍（アサド政権）が化学兵器を明確に使った段階で介入するというようなことを言っていましたが、実際はその証拠《しょうこ》がいくつも挙《あ》がったのに、アメリカは動きませんでした。

このあたりで、今後、アメリカがどうなるかという未来は、非常に難しくなりましたね。

アメリカが出すシグナルをどう解釈《かいしゃく》するかで、世界の運命は変わる

大川隆法　アメリカが出しているシグナルを、どう解釈《かいしゃく》したらいいかということにおいて、世界各国が違うように解釈し始める感じがあります。

だから、習近平さんとの会談時に、オバマさんが、「日本との領土問題について、日中間で武力衝突《しょうとつ》が起きないように願っている」というような発言をしたのはけっこうかとは思いますが、「日中のお互《たが》いの外交チャンネルで話をしてくれ。アメリカはそれについては介入しない」というようなメッセージとして中国側には伝わったように、今のところ、日本では報道されていますよね。

中国が強気で考えた場合は、「もう日中の二国間でやってくれ。アメリカは何もしないから」というように受け取れないこともないですね。

そうすると、「領土問題については、アメリカはタッチしないと言った」と中国が大本営《だいほんえい》発表ふうに公表したならば、これは間違ったメッセージをアメリカが中国に送ったことになると思います。

中国がそのようにキャッチしたとするならば、日本は態度を変えなければ危ないでしょう。それが正しく伝わっているかどうかはわからないのです。

やはり、大国のトップになると、お互いに出す発言やシグナルが、相手にどのように伝わるかという計算ができないといけません。

このあたりが間違った方向に導かれそうになったときには、意見を言わなければいけないというのが、今の私の立場かと思いますし、そのあたり（オバマ氏や習近平氏の守護霊《しゅごれい》の本音や真意）を「翻訳《ほんやく》（霊言《れいげん》）」しなければいけないのかなと思っています。

未来の結果が悪くなるような人気取り政策は口が裂《さ》けても言えない

大川隆法　私も幸福実現党のリーダーとして、やってはいるのですが、基本的に政治は、選挙で勝とうと思えば、票をもらわなければいけません。だから、「ポピュリズム」と言って、人気が取れて票が取れるような行動を取らないといけないわけですよね。

だけど、幸福実現党は、世論と逆のことを言っていることが多いのです。反対のことを言っているから、基本的に、ほかの政党から見れば、「幸福実現党は〝自殺願望〟があるんだろうな。〝集団自殺〟を図《はか》りたいんだろうな。負けたくて、政治をやっているんだろうな」と、おそらく見えているのだろうと思います。

他党が、人気が出ないから選挙では触《ふ》れたくないと思うようなところを、幸福実現党は一生懸命《けんめい》言っています。ポピュリズムの反対のところですね。

人に好かれて人気が出る、あるいは世論を動かして、味方につけて、自分の応《おう》援《えん》をさせるという通常の戦略から見れば、間違っているようにも見えることを、幸福実現党はやっていますが、もう一段大きな視点から、日本の未来のために言っているというところを、だんだんとわかってくださる方も、これから増えてくるのではないかと思います。

普通、政治家たちは、落ちてタダの人になりたくないから、票が取れないようなことは言わないで、どうやって利益分配するかという話ばかりをしますが、幸福実現党は耳が痛い話をいっぱいしています。

それは、ある意味で宗教という立脚点《りっきゃくてん》が一つあるから、できているのかもしれませんけれどね。

このあたりはまだまだ難しい問題があります。私たちとしては、自分たちのところの結果という意味ではなくて、日本あるいは世界の未来についての「結果」が最終的に悪くなる方向については、「口が裂《さ》けても、人気取りの政策は言えません」という気持ちはあるんですよね。

たとえ、自分たちの勢力が伸《の》びたとしても、「人類の未来が悪くなる結果になるのであれば、そんなことはとても言えません」ということです。

「どう言えば有権者に気に入られるか」くらいはわかっている

大川隆法　だから、あえて今は、一般的《いっぱんてき》に、庶民的《しょみんてき》に言えば、人気が出ないようなことも平気で言っているために、候補者が逆風で非常に苦しむことも多いだろうと思いますが、これに耐《た》えて勝つくらいの強さを身につけてほしいと思っています。今は、「鉄下駄《てつげた》」を履《は》かせて走らせている状況かと思いますね。

「どう言ったら、有権者のみなさんに気に入られるのか」というくらいのことは、わかりますけどね（笑）。自分の利益になることなら、みなさん喜ぶので、それは簡単にわかることです。

日本人を動物園の猿《さる》と言ったら怒《おこ》る人がいるかもしれませんので、特定の動物名は言いませんけれども、動物園のある動物に餌《えさ》を与《あた》えるつもりで、人気取りの政策を打ち出すというように、そこまで有権者を蔑視《べっし》してはいけないのです。

そうではなくて、認識力がまだそこまで至っていないのなら、「このようにしたら、このようになるんですよ」「実際は今、このように動いているんですよ」というようなことを啓蒙《けいもう》し、教えることで、日本人が自分で判断できるように導いていこうとしているところはあります。

世界情勢というのは、やはりプライオリティ、優先度としては高いと思います。この判断を間違うと、非常に厳しい局面が、今後、予想されるので。

私には、世界はまだ流動的に見えるのです。まだ変えられるように、今、見えているのです。ただの「悲劇の予言者」になりたくて言っているわけではありません。

うまく逃《に》げた人が得をする政治文化にメスを入れている

船井　心ある方は、本当はわかっていらっしゃるのではないかと、そのように見受けられることがたくさんあります。

そして、幸福実現党も、他党が言わない本当のことを、国民のみなさまに申し上げて、深海の底を鉄下駄で走っているような、負荷のかかった活動をしています。けれども、日本人というのは、どうしても、「空気」に支配されがちなところがあり、本当はわかっている方も、表立って出てこられないという雰囲気《ふんいき》もあるのかと思います。

最後に、日本人のみなさまに向けたメッセージを賜《たまわ》ればと思います。

大川隆法　ほかの政党はどこも、自分たちの党あるいは集団の勝利を目指してやっているだろうと思いますが、私たちがやっているのは、もちろんそういう面も持ってはいるんですけれども、日本の政治文化そのものを変えようとしているところがあるということですね。

要するに、「嘘《うそ》を言ったり、ごまかしたりして、肝心《かんじん》なところを言わずに逃《に》げた人が勝つ」というような政治文化があるので、これについて、今、厳しくメスを入れているところです。対マスコミも含めて、実は、啓蒙活動をやっているわけです。

上手《じょうず》なことを言って、うまく逃げた人が得をするような世の中は、やはり、つくってはいけませんし、人の上に立つ者というのは、明確な方針を示して、その結果については責任を取らなければいけません。

「責任を取りたくないから、大事なことは言わない」というようなことであってはならないんです。政治家が責任を取りたくなくて、ただただ議席を取りたいとか、地位を得たいとかいうだけなら、「もう引退なされたほうがよいのではないですか」と思います。

特定の人たちには耳が痛いことを言っているかと思いますが、こちらとしても、「どうやったら人に好かれるかを知っている者が、あえて耳が痛いことをわざと言っているのだという、その意味を理解してください」ということですね。

幸福実現党が突《つ》きつける、選挙の本当の意味

大川隆法　幸福実現党から落選者が出て、それで喜ぶ人もたくさんいるわけだし、幸福実現党の候補者たちは、落選して自分たちが痛《いた》んでいると思うかもしれません。

ただ、「実は、これで世直しをやっているのだ」という本当のところが、まだ

見えていない人たちは多いとはいえ、だんだんわかってきつつもあると思うんですね。

この次に矛盾《むじゅん》が見えてきて、やがて、正しいことを言っているところが支持を受けていないのが日本の政治なのだと、だんだんわかってきたときに、「選挙って、いったい何なのだろう?」ということがわかってくるでしょう。

選挙とは何なのかと言うと、結局、神様、仏様の考え方がわからないときに、仕方がないから、人間たちで多数決で決めようかというのが、実は選挙なのです。そうすれば、自分たち人間同士の戦いも少なかろうということで、選挙が始まったわけで、神様の意見がはっきりわかっているなら、「マグナ・カルタ(大憲章《だいけんしょう》)」も必要なかったわけですから。

「今は、神様の考え方が出てきている時代なのだ」ということ、つまり、時代が大きく変わろうとしているということを、実は認識していただきたいと思っています。

わざと負けることで「正論とは何か」を教えている

大川隆法　「未来へのメッセージ」も同時に今、遺《のこ》そうと思っているということですね。

未来にメッセージを遺すためには、ある程度の「ドラマ」は必要なのです。一見、悲劇に見えたり、失敗に見えたりするようなこともいっぱいあるかと思いますが、それが、将来にとっての「教訓」として遺すべきものなので、そこのところは譲《ゆず》らないつもりです。

先ほど、「本当に成功したかったら、欠点も見せなければいけないですよ」という話もしましたが、本当は、幸福の科学というのは強いところがあります。

ただ、今は負けるところをわざと見せているのです。負けるところを見せながら、実は「正論とは何か」ということをお教えしているところなんですよね。あまりなんでもかんでも強いようだと、警戒《けいかい》されてしまって言うことを聞いてくれなくなります。

「（幸福の科学は）宗教では成功するけど、政治では失敗もするんだなあ」と、たぶん見ているのだろうと思います。それでけっこうです。

こちらのほうは平均以下の速度で成功しようとしておりますが、そのなかに、実は、「重大なメッセージ」が込《こ》められているということが、あとになればなるほど、わかってくるだろうと思います。

現在ただ今に理解されることを求めてはいないのです。現在ただ今に、ある程度は理解してほしいと思いますが、今は〝解けない謎《なぞ》〟がまだあってもいいと思っています。

船井　本日は、霊言の背景から、ライフ・スタイル、世界への提言まで、幅広《はばひろ》くお答えいただきまして、本当にありがとうございました。

今、時代の端境期《はざかいき》にあるということを、多くの方に知っていただくべく、私《わたくし》どもも、また啓蒙活動に頑張《がんば》ってまいりたいと思います。

本当に、ありがとうございました。

大川隆法　はい。どうもご苦労様でした。

船井・天雲・吉川　ありがとうございました。

幸福実現党を立ち上げ、選挙戦で街頭演説を行う。

あとがき

出版する本の数と説法の数が多すぎるのか、私の本当の姿や考え方がつかみにくい人が少なくないと聞く。

一般取材を受けてないので、せめてもの試みとして、幸福の科学出版の三人の女性編集局長のインタビューを受けてみた。

霊言の話をたっぷりと訊《き》いてきたので、私の方が驚いた。そうか、やはりこの世の人々には、あの世との関連がわかりにくいのか。私のように、この世の人間でもあり、あの世の人間でもある者からすれば、霊との対話は日常生活の一部である。ただ鍛《きた》え抜いた強靭《きょうじん》な左脳《さのう》が、この世的合理性を担保《たんぽ》しているだけなのだ。

「聖なる色気」「ファッションリーダー」と称される男が、夜中から明け方にかけて、目覚めるたびに十五分程度、ドイツ語や英語の勉強を続けているのを見ると、トロイの遺跡発掘に人生をかけた泥くさいシュリーマンのようにも見えるだろう。私にも「素顔の大川隆法」なんてわからない。ただ、時間を活かし、強い自己実現の願望と、正義と愛の花開く世界を願い続けている存在であることはわかる。まわりから「神秘的」と思われる仕事をただ、たんたんとやり続けているだけである。

二〇一三年　六月十八日

幸福《こうふく》の科学《かがく》グループ創始者兼総裁《そうししゃけんそうさい》　大川隆法《おおかわりゅうほう》

『素顔の大川隆法』大川隆法著作関連書籍

『父と娘のハッピー対談② 新時代の「やまとなでしこ」たちへ』（大川隆法、大川咲也加）（幸福の科学出版刊）

『宇宙人リーディング――よみがえる宇宙人の記憶――』（幸福の科学出版刊）

『田原総一朗守護霊VS.幸福実現党ホープ――バトルか、それともチャレンジか？――』（幸福実現党刊）

素顔《すがお》の大川隆法《おおかわりゅうほう》

2013年6月29日　初版第1刷
2014年4月17日　第2刷

著　者　大《おお》川《かわ》隆《りゅう》法《ほう》

発行所　幸福の科学出版株式会社

〒107-0052 東京都港区赤坂2丁目10番14号
TEL(03)5573-7700
http://www.irhpress.co.jp/

印刷・製本　株式会社 東京研文社

落丁・乱丁本はおとりかえいたします

ISBN978-4-86395-351-2 C0095

大川隆法ベストセラーズ

「大川隆法」を知る3作

大川隆法の守護霊霊言

ユートピア実現への挑戦

幸福の科学総裁の守護霊、ついに降臨！　なぜ、いまの日本に生まれ、「幸福の科学」をつくったのか？　そして、なぜ、「幸福実現党」を立ち上げたのか？

1,400円

政治革命家 大川隆法

幸福実現党の父

日本よ、自由の大国をめざせ！　景気、金融、原発、復興、国防、外交、社会保障、少子高齢化——どうすればいいのか、これからの日本。

1,400円

大川総裁の読書力

知的自己実現メソッド

区立図書館レベルの蔵書、時速2000ページを超える読書スピード——。1300冊を超える著作を生み出した驚異の知的生活とは。

1,400円

※表示価格は本体価格（税別）です。

未来への進むべき道を指し示す

大川隆法 ベストセラーズ

忍耐の法

「常識」を逆転させるために

2,000円

第1章
スランプの乗り切り方
――運勢を好転させたいあなたへ

第2章
試練に打ち克つ
――後悔しない人生を生き切るために

第3章
徳の発生について
――私心を去って「天命」に生きる

第4章
敗れざる者
――この世での勝ち負けを超える生き方

第5章
常識の逆転
――新しい時代を拓く「真理」の力

法シリーズ第20作

人生のあらゆる苦難を乗り越え、夢や志を実現させる方法が、この一冊に――。混迷の現代を生きるすべての人に贈る待望の「法シリーズ」第20作！

「正しき心の探究」の大切さ

1,500円

靖国参拝批判、中・韓・米の歴史認識……。「真実の歴史観」と「神の正義」とは何かを示し、日本に立ちはだかる問題を解決する、2014年新春提言。

幸福の科学出版

幸福の科学グループのご案内

宗教、教育、政治、出版などの活動を通じて、地球的ユートピアの実現を目指しています。

宗教法人　幸福の科学

一九八六年に立宗。一九九一年に宗教法人格を取得。信仰の対象は、地球系霊団の最高大霊、主エル・カンターレ。世界百カ国以上の国々に信者を持ち、全人類救済という尊い使命のもと、信者は、「愛」と「悟《さと》り」と「ユートピア建設」の教えの実践、伝道に励んでいます。

（二〇一四年三月現在）

愛

幸福の科学の「愛」とは、与える愛です。これは、仏教の慈悲《じひ》や布施《ふせ》の精神と同じことです。信者は、仏法真理をお伝えすることを通して、多くの方に幸福な人生を送っていただくための活動に励んでいます。

悟り

「悟り」とは、自らが仏の子であることを知るということです。教学《きょうがく》や精神統一によって心を磨き、智慧《ちえ》を得て悩みを解決すると共に、天使・菩薩《ぼさつ》の境地を目指し、より多くの人を救える力を身につけていきます。

ユートピア建設

私たち人間は、地上に理想世界を建設するという尊い使命を持って生まれてきています。社会の悪を押しとどめ、善を推し進めるために、信者はさまざまな活動に積極的に参加しています。

国内外の世界で貧困や災害、心の病で苦しんでいる人々に対しては、現地メンバーや支援団体と連携して、物心両面にわたり、あらゆる手段で手を差し伸べています。

年間約３万人の自殺者を減らすため、全国各地で街頭キャンペーンを展開しています。

公式サイト **www.withyou-hs.net**

ヘレン・ケラーを理想として活動する、ハンディキャップを持つ方とボランティアの会です。視聴覚障害者、肢体不自由な方々に仏法真理を学んでいただくための、さまざまなサポートをしています。

公式サイト **www.helen-hs.net**

INFORMATION

お近くの精舎・支部・拠点など、お問い合わせは、こちらまで！

幸福の科学サービスセンター

TEL. 03-5793-1727（受付時間 火〜金：10〜20時／土・日：10〜18時）

宗教法人 幸福の科学 公式サイト happy-science.jp

教育

学校法人 幸福の科学学園

学校法人 幸福の科学学園は、幸福の科学の教育理念のもとにつくられた教育機関です。人間にとって最も大切な宗教教育の導入を通じて精神性を高めながら、ユートピア建設に貢献する人材輩出を目指しています。

幸福の科学学園

中学校・高等学校（那須本校）
2010年4月開校・栃木県那須郡（男女共学・全寮制）
TEL **0287-75-7777**
公式サイト **happy-science.ac.jp**

関西中学校・高等学校（関西校）
2013年4月開校・滋賀県大津市（男女共学・寮及び通学）
TEL **077-573-7774**
公式サイト **kansai.happy-science.ac.jp**

幸福の科学大学（仮称・設置認可申請中）
2015年開学予定
TEL **03-6277-7248**（幸福の科学 大学準備室）
公式サイト **university.happy-science.jp**

仏法真理塾「サクセスNo.1」 TEL **03-5750-0747**（東京本校）
小・中・高校生が、信仰教育を基礎にしながら、「勉強も『心の修行』」と考えて学んでいます。

不登校児支援スクール「ネバー・マインド」 TEL **03-5750-1741**
心の面からのアプローチを重視して、不登校の子供たちを支援しています。
また、障害児支援の「**ユー・アー・エンゼル!**」運動も行っています。

エンゼルプランV TEL **03-5750-0757**
幼少時からの心の教育を大切にして、信仰をベースにした幼児教育を行っています。

シニア・プラン21 TEL **03-6384-0778**
希望に満ちた生涯現役人生のために、年齢を問わず、多くの方が学んでいます。

NPO
活動支援

学校からのいじめ追放を目指し、さまざまな社会提言をしています。また、各地でのシンポジウムや学校への啓発ポスター掲示等に取り組むNPO「いじめから子供を守ろう！ネットワーク」を支援しています。

公式サイト **mamoro.org**
ブログ **mamoro.blog86.fc2.com**
相談窓口 **TEL.03-5719-2170**

政治

幸福実現党

内憂外患《ないゆうがいかん》の国難に立ち向かうべく、二〇〇九年五月に幸福実現党を立党しました。創立者である大川隆法党総裁の精神的指導のもと、宗教だけでは解決できない問題に取り組み、幸福を具体化するための力になっています。

党員の機関紙
「幸福実現NEWS」

TEL 03-6441-0754
公式サイト hr-party.jp

出版メディア事業

幸福の科学出版

大川隆法総裁の仏法真理の書を中心に、ビジネス、自己啓発、小説など、さまざまなジャンルの書籍・雑誌を出版しています。他にも、映画事業、文学・学術発展のための振興事業、テレビ・ラジオ番組の提供など、幸福の科学文化を広げる事業を行っています。

アー・ユー・ハッピー?
are-you-happy.com

ザ・リバティ
the-liberty.com

幸福の科学出版
TEL 03-5573-7700
公式サイト irhpress.co.jp

THE FACT

ザ・ファクト
マスコミが報道しない
「事実」を世界に伝える
ネット・オピニオン番組

Youtubeにて
随時好評配信中!

ザ・ファクト 検索

入会のご案内

あなたも、幸福の科学に集い、
ほんとうの幸福を
見つけてみませんか？

幸福の科学では、大川隆法総裁が説く仏法真理をもとに、
「どうすれば幸福になれるのか、また、
他の人を幸福にできるのか」を学び、実践しています。

入会

大川隆法総裁の教えを信じ、学ぼうとする方なら、どなたでも入会できます。入会された方には、『入会版「正心法語」』が授与されます。（入会の奉納は1,000円目安です）

ネットでも**入会**
できます。詳しくは、
下記URLへ。
happy-science.jp/joinus

三帰《さんき》誓願《せいがん》

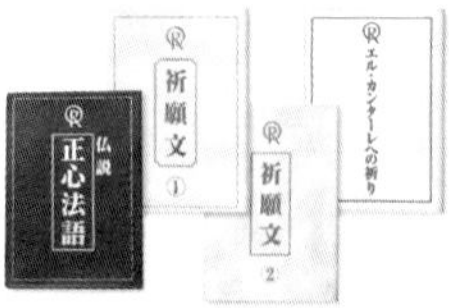

仏弟子としてさらに信仰を深めたい方は、仏・法・僧の三宝への帰依を誓う「三帰誓願式」を受けることができます。三帰誓願者には、『仏説・正心法語』『祈願文①』『祈願文②』『エル・カンターレへの祈り』が授与されます。

植福《しょくふく》の会

植福は、ユートピア建設のために、自分の富を差し出す尊い布施の行為です。布施の機会として、毎月1口1,000円からお申込みいただける、「植福の会」がございます。

「植福の会」に参加された方のうちご希望の方には、幸福の科学の小冊子（毎月1回）をお送りいたします。詳しくは、下記の電話番号までお問い合わせください。

月刊「幸福の科学」

ザ・伝道

ヤング・ブッダ

ヘルメス・エンゼルズ

INFORMATION

幸福の科学サービスセンター
TEL. 03-5793-1727（受付時間 火〜金：10〜20時／土・日：10〜18時）
宗教法人 幸福の科学 公式サイト **happy-science.jp**